PIERRE STUTZ

Vom **Leben** berührt

Anja Sauerer, Meinhard Feichter
und Samuel Stucki gewidmet,
in herzlicher Dankbarkeit.

PIERRE STUTZ

Vom **Leben** berührt

Achtsame Impulse für das ganze Jahr

Vier-Türme-Verlag

Zur Einstimmung

»Wann warst du das letzte Mal vollkommen?«, lautete eine Frage, die eine Teilnehmerin an einem meiner Besinnungstage zum Thema »Vom Glück der Unvollkommenheit« der ganzen Gruppe stellte. Ich war total überrascht. Das hatte ich mich noch nie gefragt. Als Mensch, der zu hohe Ansprüche an sich selbst stellt, versuche ich seit vielen Jahren, auch gut mit mir zu sein, vor allem mit meiner Begrenztheit und meiner Verletzlichkeit. Spannend, diese Frage! Mein erster Antwortimpuls war sofort da, und ich teilte ihn auch der Gruppe mit: »Als ich kürzlich in einer Konfliktsituation einen tiefen Schmerz in meiner Herzgegend spürte und in der ich mich zu meinem großen Glück anderen mit meiner Trauer und Wut zumuten konnte.«

Ja, vollkommen sein, in Einklang mit mir selbst sein, in meiner Mitte ankommen bedeutet für mich nicht mehr nur, sogenannte »positive« Gefühle wie Vertrauen, Frieden, Zuversicht, Freude und Hoffnung zu spüren, sondern ganz sein zu dürfen mit meiner Lebensfreude und meinen Zweifeln. Ganz, mit meiner Kraft und meiner Bedürftigkeit. Ganz, mit meiner Angst, Wut und meiner Versöhnungsbereitschaft. Die vielen kleinen Schritte, die zu diesem Bewusstseinswandel führen, finden sich in diesem Buch, das einen sehr langen Entstehungsprozess hat.

Schreiben, ohne zu denken

Anfang 2005 spürte ich intuitiv, dass ich während der kommenden Monate immer morgens nach meiner Schweige-, Geh- oder Yoga/Qi-Gong-Meditation noch einen kleinen Moment innehalten wollte, um es in mir schreiben zu lassen. Schreiben, ohne zu denken, gehört für mich zum Schönsten in meinem Leben. Einfach – was sehr schwierig sein kann! – wahrnehmen, was jetzt ist, ohne es immer schon bewerten zu müssen, um auch darin eine göttliche Spur zu erahnen, lässt mich befreiter im Leben stehen.

In dieser Haltung sind von Januar 2005 bis April 2005 die ersten Impulse dieses Buches entstanden. Dann kehrte Ruhe in mein spirituelles Tagebuch ein, und ich führte diesen achtsamen Schreibweg erst im Mai 2006 weiter, bis Ende August 2006. Weshalb ich dann erst im September 2010 bis Dezember 2010 weiterschrieb, ist mir heute nicht mehr klar. Muss es auch nicht! Das Buch erzählt von einem intuitiven Achtsamkeitsweg, auf dem ich auch voller Erwartung nichts erwarten darf. Weil sich diese kleinen Tagesimpulse durch mich hindurch geschrieben haben, gehören sie mir nicht. Sie weisen über mich hinaus.

Dank dieser Grundhaltung war es für mich die letzten Jahre nicht wichtig, meine kleinen Standortbestimmungen zu veröffentlichen. Erst jetzt spüre ich, dass es »dran« ist. Auch, weil ich als spiritueller Begleiter manchmal gefragt werde, wie der achtsame Beginn eines Tages – dies kann auch am Abend als Rückblick geschehen – aussehen könnte. Mit diesem Buch zeige ich eine Spur auf. Die Tagesimpulse sind zeitlos und bleiben für mich aktuell.

Die Kraft der Wieder-holung

Die meditativen Worte leben in einer großen Selbstverständlichkeit von Wiederholungen. All jene, die sich wirklich von innen her verwandeln lassen möchten, erahnen, dass dies nicht ein für alle Mal geschieht, sondern sich immer wieder ereignet. Gerade auch, indem ich mir wieder hervorhole, was mir schon bewusst ist. Ein Achtsamkeitsweg lebt von dieser echten Demut, mir Vertrauensworte regelmäßig zu wiederholen. Sogar die Hirnforschung zeigt diese Lebensweisheit auf: Konditionierungen, Verkrampfungsmechanismen können in den Nervenbahnen des Gehirns erst durch tausendmaliges Üben aufgelöst und dann neu als Entspannungsreflex gespeichert werden. Darum lade ich mit diesem Buch die Lesenden ein, dank meiner Impulse bestärkt zu werden, dem Ureigenen noch mehr zu trauen und es vor allem zu würdigen. Der Leer-Raum lädt ein, achtsam selbst aufzuschreiben, was sich mir jeden Tag neu zeigt.

Drei Haltungen des Achtsamkeitsweges

Beim Lesen dieser Tagesimpulse, die ich vor einigen Jahren geschrieben habe, bin ich auch heute noch sehr bewegt und berührt. Sie verdichten auf vielfältige Weise mein Lebensthema, das ich mit dem Glück der Unvollkommenheit umschreibe. Damit meine ich die Verabschiedung der Vorstellung, irgendwann »durchmeditiert« sein zu müssen! Die Impulse erzählen von drei Grundhaltungen, die mir selbst und in der Begegnung mit vielen Menschen sehr vertraut sind:

- staunen, danken, lachen, spielerisch sein, verwurzelt in der Schöpfung und dank ihr mit ihrem Licht und Schatten;
- unvollkommen sein dürfen, Helles und Dunkles, Schweres und Leichtes miteinander verbinden, gut mit sich sein, mit seinen Talenten und seiner Zerrissenheit;
- sich verbinden mit allen Menschen, die auch aufstehen für das Leben: gelassen-kämpferisch sein, Widerstand wagen mit Verbündeten für Frieden in Gerechtigkeit.

Diese drei wesentlichen Aspekte eines Achtsamkeitsweges konkretisieren mein Vertrauen, immer neu vom Leben berührt zu werden.

Lausanne, 20. Juli 2016
Pierre Stutz

Januar

1. Januar

Vertrauensvoll in die Zukunft blicken, in aller Ungewissheit den Kontakt mit mir selbst nicht verlieren – auch dieses Jahr lernen, gut mit mir zu sein.

2. Januar

Sinnvoll leben:
mir mit Wohlwollen begegnen,
Geld spenden für Notleidende,
Freundschaft genießen,
konstruktive Kritik einbringen,
Anerkennung aussprechen.

3. Januar

Danken für den
Geschenkcharakter des Lebens,
danken für den Lebensatem,
der mich mit allem verbindet –
mitfühlend im Leben stehen,
dankend diesen Tag
durchschreiten.

4. Januar

In Zeiten des Aufgewühltseins
über schreckliche
Naturkatastrophen mitschreien,
mit anderen nach Sinn tasten,
einander beistehen im Aushalten
der Verunsicherung.

5. Januar

Heute vermehrt in der
Gegenwart leben,
mich nicht leben lassen,
Widerstand wagen für eine
menschlichere Arbeitsatmosphäre.
Den Lebensatem Gottes in mir und
in allem spüren.

6. Januar

*Mein inneres Feuer spüren,
hineinwachsen in meinen
Lebensauftrag, nicht ein für alle
Mal, sondern jeden Tag.
Mich nicht überfordern:
Mein Beitrag genügt.*

7. Januar

Momente der Verlorenheit nicht bewerten und beurteilen – keine Angst vor meinen Gefühlen haben. Wenn sie sein dürfen, dann können sie verwandelt werden, auch im Mit-teilen.

8. Januar

Kämpferisch sein, meine Lebensenergie einsetzen für eine Welt, in der Menschen dank Sabbatzeiten zu neuem Engagement inspiriert werden.

9. Januar

Eintauchen in die Kraft
der Ewigkeit –
Verweilen in der Gegenwart –
erahnen, dass ich immer Teil
eines Ganzen bin.

10. Januar

Enttäuschungen gehören zu meinem Leben, sie führen mich zu meinem wahren Selbst, wo ich mir und anderen nichts mehr vormache.

11. Januar

Mit dem Sonnenaufgang
staunen über den schöpferischen
Neuanfang, der sich jeden Tag auch
in mir ereignet.

12. Januar

Ein glückliches Leben ist nicht
zu haben. Es ist vielmehr ein tiefes
Ja zum Lachen und Weinen,
Streiten und Versöhnen,
Finden und Verlieren.

13. Januar

Die Friedenskraft wächst auf dieser Welt, wenn Menschen täglich einen gewaltfreien Umgang miteinander einüben.
Das bedeutet, Ärger, Aggression, Wut wahrzunehmen als ein Teil von mir, der sein darf, um durch Konfliktfähigkeit der Versöhnung eine echte Chance geben zu können.

14. Januar

Danken können, jeden Tag neu,
für den Geschenkcharakter des
Lebens, für die Solidarität,
für die Wunder in der Schöpfung.
Ein Wort verwandelt immer wieder
meinen Alltag, es heißt:
Danke!

15. Januar

Unsere Welt braucht Frauen und Männer, die ihre Mauern des Misstrauens aufbrechen lassen, um mit einer größeren Weite und mit mehr Rückgrat im Leben stehen zu können.

16. Januar

Meinen Hoffnungsfunken
entdecken, der sich hinweben lässt
in mein Leben, trotz vieler
Verstrickungen und Engpässe.
Auch heute erahnen, wie sich die
Kraft der Selbstwerdung und des
Teilens unaufhaltsam durchsetzt.

17. Januar

Den eigenen Energiefluss wahrnehmen, regelmäßig tief durchatmen, darin das Verbindende erkennen, das zum Aufblühen und zu ökologischer Aufmerksamkeit führt.

18. Januar

Die Kraft des Wiederkehrenden brauchen wir in einem erfüllten Leben. Unsere Seele braucht nicht immer Neues, sondern Räume des Nachklingens, in denen das Schöne und das Widersprüchliche vertieft werden können.

19. Januar

Kämpfen können und Hingabe wagen – zupacken und loslassen – einstehen für mein Leben und das Leben anderer Menschen lässt mich Glück erahnen.

20. Januar

In stürmischen Zeiten noch bewusster meinen eigenen Standpunkt finden, auch in der Verwurzelung in Vertrauensworte, die Beweglichkeit und Tiefe schenken.

21. Januar

Mitwirken an mehr Frieden in Gerechtigkeit ist möglich! Beim Lesen der Tageszeitung vergesse ich die Worte von Anne Frank nicht: »Trotz allem glaube ich an das Gute im Menschen.« Auch heute kann ich diese Hoffnungskraft ausstrahlen.

22. Januar

Genug ist nie genug –
Wann genügt es?
Wann genüge ich?
Frei-Zeit in meinem Leben:
anerkannt in meinem Dasein,
nicht mehr, nicht weniger.

23. Januar

Schneeflocken bestärken zu einer Langsamkeit, endlich darf alles ruhen, damit die Fülle der Lebenserfahrungen sich setzen kann. Langsam werden, der Inspiration leise die Türe öffnen.

24. Januar

Echter Friede beginnt auch in mir, im wohlwollenden Umgang mit meinen unausgeglichenen Seiten. So wächst echte Toleranz, die im politischen Friedensengagement glaubwürdig bleibt.

25. Januar

Staunen können, wie die schöpferische Kraft sich mir heute im Sonnenaufgang zeigt, im Atem, im Auf- und Einstehen für eine Welt des Mitgefühls und der Achtsamkeit.

26. Januar

Verhärtete Beziehungen,
eisige Kälte, unversöhnliche
Konflikte – es gibt eine
Versöhnungsspur im Annehmen
der Aggressionen, im Erkennen,
dass Beziehungen karge Zeiten
durchschreiten können.

27. Januar

Berührt werden durch die Kraft der Liebe. Ein Lächeln genügt, um zu vertrauen, dass wir immer mehr zu uns selbst verwandelt werden.

28. Januar

Heute aus meiner Mitte leben –
großzügig sein, Anteil nehmen an
der Not, innehalten beim Dastehen,
mit Entschiedenheit die Fragen
angehen, die gelöst werden können.

29. Januar

Die unantastbare Würde eines
jeden Menschen hochhalten,
fordern, verteidigen und feiern –
sich und anderen mit tiefem
Respekt begegnen, weil jede und
jeder ein einmaliges Geheimnis ist.

30. Januar

Echtes Berührtsein geschieht
im Loslassen von Erwartungen und
Verpflichtungen – berührt sein in
der Mitte meines Seins, ganz
unerwartet im Jetzt leben.

31. Januar

Geborgenheit und Freiheit
brauchen wir zum Leben –
Erfahrungen des Aufgehobenseins
und Ermutigungen zur
Eigenständigkeit.

Februar

1. Februar

Jeden Tag verhungern 25.000 Menschen. Eine himmelschreiende Tatsache, mit der wir uns niemals abfinden dürfen. Unser Kampf für eine Welt, in der alle genügend zu essen haben, geht auch heute weiter.

2. Februar

Ent-Täuschungen, große und kleine, gehören zum Leben. Sie lassen mich das Lassen einüben. Enttäuschungen fordern uns heraus, Idealbilder von uns selbst und anderen zu überprüfen, um eine neue Qualität in unseren Beziehungen zu erhalten.

3. Februar

Verrückte Menschen brauchen wir, Narren Gottes, die sich ins Leben hineinspielen, im humorvollen Dasein und im Ernst des Lebens. Im Lachen eine Selbstvergessenheit erfahren, die entspannt.

4. Februar

Unser Hunger und Durst nach Gerechtigkeit verwirklichen sich, wenn wir uns selbst gerecht werden und weltweit mitgestalten an gerechteren Strukturen.

5. Februar

Ab und zu absichtslos sein,
zweckfrei, einfach da sein, mich
bewusst hineinbegeben in ein
selbstvergessenes Dasein.
Die Unsicherheit vor der Leere
durchatmen, Atemzug um Atemzug.

6. Februar

Das Leben zu wählen,
es leidenschaftlich zu schützen
und zu lieben heißt, Ja zu sagen
zu einer Fülle der Gefühle, die von
unserer tiefen Sehnsucht nach
Anerkennung und Verwandlung
erzählen.

7. Februar

Der Hoffnung mein Herz schenken, mitgestalten an einer Gesellschaft, die alle Menschen zum aufrechten Gang ermutigt.

8. Februar

Angesichts des großen Leids verstummen, zweifeln, ringen und hoffen: Jeden Tag neu hineinwachsen in viele nächste Schritte, die möglich sind, auch durch mich.

9. Februar

Geschehen lassen, was sich zutiefst in mir verwandeln will. An meiner Entwicklung mitgestalten, ohne mich krampfhaft verändern zu wollen.

10. Februar

In Kolumbien hat jeder dritte Mensch pro Tag nicht mehr als 1,40 € zur Verfügung. Durch Patenschaften kann Kindern und Jugendlichen eine Ausbildung ermöglicht werden, die Hilfe zur Selbsthilfe schenkt.

11. Februar

Wahre Freiheit beginnt in einem selbst: jene Gabe, in der ich mir selbst Anerkennung zusprechen kann, um weniger angewiesen zu sein auf die Meinung anderer.

12. Februar

Einschwingen in den Rhythmus des Lebens, eine gesunde Arbeitsstruktur fördern – mein Gleichgewicht finden, mehr oder weniger, jeden Tag neu.

13. Februar

Mich immer wieder hineinholen in die Gegenwart: Hier ereignet sich das Wesentliche und nicht im Hochrechnen der ungewissen Zukunftsfragen.

14. Februar

Lieben können, mit ganzer Kraft, mit ganzem Sein, mit Haut und Haaren. Sich verwandeln lassen durch die erotische Liebeskraft, die in einer Beziehung der spirituellen Tiefe viele Entfaltungsräume eröffnet.

15. Februar

Es ist eine Illusion, einem sorgenfreien Leben nachzurennen. Glücklich wird, wer um tägliche Konflikte weiß, um sich darin nicht zu verlieren, sondern um daran wachsen und reifen zu können.

16. Februar

Herzhaft lachen können, sich selbst vergessen im befreienden Humor. Voll da und ganz weg, ewig im Hier und Jetzt.

17. Februar

Dem Leiden nicht ausweichen, es nicht verharmlosen oder verklären. Mensch werden heißt, durch-kreuzte Hoffnungen als Reifungschance anzunehmen. Leiden verhindern und verinnerlichen, diese Spannung gilt es auszuhalten.

18. Februar

Profiliert im Leben zu stehen heißt, der eigenen Tiefe Ausdrucksformen zu verleihen, die über uns hinausweisen.

19. Februar

Leidenschaftlich Gott in allem suchen, was mir begegnet, in tiefer Dankbarkeit über mein Dasein und im Ringen nach Sinn.

20. Februar

Lernen, mit der Verschiedenheit umzugehen, in Respekt und Toleranz. Miteinander um ethische Haltungen ringen, ohne jene zu verurteilen, die andere Schlüsse ziehen.

21. Februar

Hinter die Dinge schauen,
im ganz Alltäglichen erkennen,
wie wir alle eingebunden sind in
eine größere Wirklichkeit, die uns
zum Urgrund des Lebens führt.

22. Februar

Meditation lässt mich einfach da sein. Zuerst kommen noch viele Gedanken, die mich überall hinziehen wollen – dann kehren Momente der Stille ein, der Gegenwärtigkeit, die eine große Kraft beinhalten.

23. Februar

Tiefe Hoffnung bewegt mich,
dass immer mehr Frauen und
Männer gewaltfrei Widerstand
wagen für eine andere Welt,
die uns von der Gier
zum Teilen führt.

24. Februar

Hineinwachsen ins Urvertrauen, dass alles gut wird. Aus der Tiefe jene Kraft schöpfen, die kämpfen lässt für die Menschenrechte.

25. Februar

Ich selbst werden mit vielen
Facetten, Ecken und Kanten,
um mich vergessen zu können
in der Hingabe an die Liebe –
eine tägliche Gratwanderung.

26. Februar

Lustvoll leben, genießen können
im staunenden Verweilen,
im Langsamwerden, im Erahnen,
dass ich gefunden bin
vor dem Ankommen.

27. Februar

In-Beziehung-Sein:
nicht über den Dingen stehen,
sondern im Suchen und Finden,
Zweifeln und Hoffen das
Verbindende entdecken und feiern.

28. Februar

Warten können,
Störungen im Leben anders
angehen: als Chance, um zum
Wesentlichen zu gelangen.

29. Februar

In sich selbst ruhen können dank einer Lebendigkeit, die durch die Liebe genährt wird.

März

1. März

Durch alltägliche Aufmerksamkeit sich selbst gerecht werden, um lokal und global jene Gerechtigkeit zu fördern, die sinnstiftende Hoffnungskreise zieht.

2. März

Menschen können grausam sein, einander Entsetzliches antun – darum verbinde ich mich Tag für Tag mit jenen Menschen, die für Freiheit und Gerechtigkeit kämpfen.

3. März

In Zeiten der Krankheit
intensiver wahrnehmen, wie
zerbrechlich unser Leben ist und
wie vieles, das wir als
selbstverständlich betrachten,
ein Geschenk ist.

4. März

Durch dunkle Fragen hindurchgehen, um ihnen ihre geheime Macht zu nehmen.
Im Aussprechen der Unsicherheiten zeigen sich erste Schritte der Erlösung.

5. März

Erfolg zu haben heißt:
Es genügt nicht, es muss noch mehr sein! Echtes Wachstum bedeutet jedoch, im scheinbaren Nichtstun neue Kreativität sprießen zu lassen.

6. März

Im Heute Gottes leben –
die Kraft der Gegenwart beflügelt
zum Dasein, um sich nicht im
Haben zu verlieren.

7. März

Den Störungen des Alltags anders begegnen: darin eine Einladung sehen, um innehalten zu können, sich für Momente lossagen vom Leistungsdruck.

8. März

Den Nächsten lieben, »er ist wie du« (Martin Buber): voll von innerem Licht und zugleich hin und her gerissen in meiner Ambivalenz …

9. März

Beflügelt vom Eintauchen in die Schweigemeditation – einfach sein können befreit zur Begegnung mit aller Kreatur.

10. März

All den Menschen danken, die mich innerlich aufgerichtet haben, die mit mir unterwegs sind, Tag für Tag.

11. März

Mich in uralten Biografien
von spirituellen Menschen
wiedererkennen, einige Worte lesen
mit dem Gefühl, dass sie eigens für
mich geschrieben worden sind.

12. März

Morgens schweigend im Kreis
beim Brunnen dastehen, zwischen
Erde und Himmel ganz leise
erahnen, wie die göttliche Quelle
uns zur Lebendigkeit bestärkt.

13. März

Das Leben nicht im Schema »Ursache – Wirkung« ersticken lassen. Echtes Leben ist viel mehr, unbegreiflich und geheimnisvoll schön.

14. März

Innere Ruhe finden in dem Wissen, dass jetzt schon alles da ist, was wesentlich ist im Leben. Eintreten in den Augenblick, Atemzug um Atemzug.

15. März

Unterwegs daheim:
beim Reisen die innere Reise nicht vergessen, die ich im Schließen der Augen an jedem Ort beginnen kann, um klarer zu sehen.

16. März

Das Leben nicht mehr von »wenn« und »aber« bestimmen lassen, sondern von der Wahrnehmung der Gegenwart. Darin liegt der Schlüssel zum befreiten Lebensweg.

17. März

Aufmerksamkeit leben,
ein liebendes Aufmerken, das mein
Leben in einem größeren Ganzen
erkennt. Der Rhythmus des Lebens
ist vor mir da und auch nach mir.

18. März

Hunger und Durst nach Gerechtigkeit mit anderen teilen, damit ein mutiger Aufbruch geschieht, ein Frühling der Solidarität.

19. März

Vom Leben berührt, staunend
angerührt von der Zärtlichkeit,
die alles verwandelt.
Darin erkenne ich
die Dimension der Ewigkeit,
die unfassbar nahe ist.

20. März

Gerechtigkeit verwirklichen mit anderen Menschen, die der Aufbruchskraft des Frühlings trauen. Das Leben ist stärker als alle unmenschlichen Unterdrückungsmechanismen.

21. März

Freundschaft verweist auf meine tiefste Sehnsucht: mir selbst zu begegnen, indem ich das ewige Du im Wagen von Beziehung erfahre.

22. März

Die Musik lädt ein, die eigene Lebensmelodie zu entdecken, zu entfalten, einzubringen in eine Hoffnungssinfonie.

23. März

Voll im Leben sein –
Gerechtigkeit fördern im
Alltagskram und im weltweiten
Engagement für geglücktes Dasein.

24. März

Fixierungen auf negative Gedanken blockieren meinen Lebensfluss – echtes Leben ereignet sich in der Gegenwart, im Lassen jener Gedanken, die mich gefangen halten im Destruktiven.
Dieses Lassen ist nicht ein für alle Mal möglich, sondern immer wieder neu, jetzt.

25. März

Im Schmerz ist eine große Lebenskraft verborgen, die durch die schreiende Stimme fließen kann – mitschreiende Menschen bestärken zu einer neuen Lebensqualität.

26. März

Nicht ständig das Glück im
Außen suchen, es ist schon in uns,
auch in der Kraft,
die in der Leere liegt.

Unerwartet brechen
lebensfeindliche Muster auf,
und zugleich verliert die Angst
vor Neuem an Kraft.
Neues Leben zeigt sich im
zärtlichen Aufbruch für einen
gewaltfreien Hoffnungsweg.

28. März

Erfülltes Leben heißt
ein Leben voll von Liebe, Schmerz,
Verzweiflung und Sehnsucht –
erfülltes Leben lädt mich ein,
Geborenwerden und Sterben in
meinen Alltag zu integrieren.

29. März

Die Rückkehr der Vögel genießen am frühen Morgen – sie sind meine Meditation, mein staunendes Erwachen zum Jetzt, zum Lächeln …

30. März

Sich niemals abfinden mit dem Leiden auf dieser Welt – Mitgefühl pflegen und strukturelle Aufbrüche wagen.

31. März

Im Spiel der Wolken die inneren Bewegungen erkennen, die uns ermutigen, das Leben als Prozess zu sehen, als »wegelosen Pfad« (Teresa von Ávila).

April

1. April

Momente der unerklärbaren
Unzufriedenheit wahrnehmen,
in dieser Dünnhäutigkeit jene
Stärke entdecken,
die Toleranz nährt.

2. April

Hunderte von Frühlingsblumen
sind im Wald anzutreffen,
sie erzählen von der unaufhaltsamen Lebenskraft, die zur eigenen schöpferischen Vielfalt ermutigt.

3. April

Verweilen vor einer blühenden Rose – eine Ermutigung, der eigenen Mitte mehr zu vertrauen, sie ist da und geheimnisvoll fern.

4. April

Aufgewühlt durch die zunehmende Zahl der Erwerbslosen. Das Recht auf Arbeit muss sich vermehrt im gemeinsamen Aufstand für das Leben konkretisieren.

5. April

Beim Öffnen der Fenster mich
bewusst den Herausforderungen
dieses Tages stellen:
Lass dich im tiefen Durchatmen
erinnern, dass es heute nicht nur
auf dich ankommt.

6. April

Frieden beginnt auch in meinem Herzen, in meiner Bereitschaft zur Versöhnung, die sich in wohlwollender Konfliktbereitschaft verwirklicht.

7. April

Destruktive Stimmen in mir
nicht mehr bekämpfen, sie
wohlwollend-bestimmt eingrenzen
durch lebensbejahende Worte.

8. April

Zwischen Traurigkeit und Glück
dem Leben begegnen, jene Tiefe
erfahren, die aufrichtet im
Annehmen der Vielfalt der Gefühle.

9. April

Nicht in der Vergangenheit stecken bleiben, sich nicht in Zukunftsfantasien verlieren, sondern in der Gegenwart jene Zeitlosigkeit erfahren, die zur Kreativität befreit.

10. April

Authentisch werden, keine Kopie,
mich nicht vergleichen, sondern
mein ureigenes Wachstums-
potenzial erkennen und fördern.

11. April

Der Kraft des Schweigens trauen,
in der Meditation mitwirken an
einer gerechteren Welt. Sie beginnt
mit meiner inneren Zufriedenheit.

12. April

*Unermüdlich den kostbaren
Diamanten in mir entdecken,
der mich von innen her erleuchtet
zu einem respektvollen Miteinander.*

13. April

Heute versuche ich nichts zu erwarten, um offen zu werden für die Verabredungen mit dem wirklichen Leben, das sich im Augenblick ereignet.

14. April

Konfliktfähig bleiben, ohne die Eskalation der Gewalt, auch der verbalen Gewalt, voranzutreiben. Klartext sprechen, ohne zu verletzen, bleibt eine lebenslange Herausforderung.

15. April

Dastehen zwischen Erde und Himmel: meinen Alltag in einer größeren Dimension sehen – dank einer guten Distanz mich kraftvoller engagieren können.

16. April

An das Unmögliche glauben, im tiefen Verwurzeltsein in den Urgrund unseres Lebens, der uns ermöglicht, über uns hinauszuwachsen.

17. April

Warten nicht als Störung
empfinden, sondern als Einladung,
innerlich ruhig zu werden;
verweilen in der Gegenwart,
um mich kraftvoller dem Leben
zuwenden zu können.

18. April

Energisch zupacken im Leben,
sich der eigenen Verantwortung
stellen, erahnen, wie sich in
meinem Handeln das
Durchbrechen Gottes anzeigt.

19. April

Flexibel sein, kreativ mit unerwarteten Begebenheiten umgehen können – beweglich zu bleiben stärkt meinen eigenen Standpunkt.

20. April

Im Schreiben von Protestbriefen mitwirken an einer Welt, in der die Würde aller Menschen hochgehalten wird.

21. April

Dankbares Staunen im
Durchschreiten des Frühlings
in all seiner Blütenpracht –
das Aufblühen meiner
Mitmenschen fördern.

22. April

Mich nicht antreiben lassen
von der Schnelligkeit und Hetze –
bewusst Widerstand wagen für
eine Arbeitsatmosphäre, in der
Innehalten und Im-Element-Sein
gestärkt werden.

23. April

Beim Glockenschlag mich daran erinnern, dass auch mein Leben zum Klingen gebracht werden möchte.

24. April

Frieden in Gerechtigkeit
verwirklicht sich im Entfalten
einer ökologischen Achtsamkeit,
die den Lebensatem Gottes in allem
erkennt.

25. April

Lernen, mit Verschiedenheiten umzugehen, Konflikte wagen als Ausdruck der Wertschätzung – in der fairen Auseinandersetzung auch das Verbindende sehen.

26. April

Sich selbst Anerkennung zusprechen, nicht dauernd im Außen suchen, was schon in mir angelegt ist: die lächelnde Segenskraft.

27. April

Scheitern dürfen im Leben als Chance, unsere Endlichkeit anzunehmen, um intensiver leben zu können.

28. April

Urmenschliche Lebensthemen
wie gesunder Rhythmus, Nähe und
Distanz, Gerechtigkeit und
Barmherzigkeit Tag für Tag neu
hineinweben in mein
Alltagsgeschehen.

29. April

Meine erotische Lebenskraft fließen lassen, mich als Leib-Geist-Seele-Einheit erfahren, in der sich die schöpferische Liebeskraft entfalten kann.

30. April

Lähmende Ohnmacht verwandeln
lassen im bewussten Wahrnehmen
all der ermutigenden Aufbrüche,
die sich auch heute weltweit
durchsetzen.

Mai

1. Mai

Die Würde eines jeden Menschen erkennen, auch im Recht auf Arbeit. Die schöpferische Kraft entfalten, die die Einzigartigkeit jeder Person verdeutlicht. Heute einander zur Kreativität anstiften.

2. Mai

Das Gewaltpotenzial im Menschen erschreckt mich erneut. Wie kann ich weiter vom göttlichen Kern in jedem Menschen erzählen? Wie könnte ich leben, ohne daran festzuhalten?

3. Mai

Schritt für Schritt durch den Wald gehen. Meine tiefe Verwurzelung spüren, die nie abgeschlossen ist, sondern wächst im Vertiefen all meiner Lebenserfahrungen.

4. Mai

Die Sonne begrüßen.
Sie erinnert mich an die Vision von einer gerechteren Welt, in der alle Menschen in Würde leben, in der Verbundenheit mit aller Kreatur.

5. Mai

Spirituelle Menschen verwurzeln sich in uralten religiösen Erfahrungen in einem gesunden Verhältnis von Nähe und Distanz, von Identifikation und Unterscheidung.

6. Mai

Ganz bei mir sein, die Vision von einem ganzheitlichen Menschsein aussprechen, in der echte Innerlichkeit und ein Leben mit allen Sinnen zu mehr Zivilcourage führen.

7. Mai

Beim Erwachen erahnen, wie neben aller himmelschreienden Ungerechtigkeit die Kraft der Liebe sich unaufhaltsam durchsetzen wird.

8. Mai

Obwohl so viel unerträgliches Leid auf der Welt herrscht, kann ich das Gutsein der Schöpfung nicht verleugnen.

9. Mai

Schwere bewohnt mich,
sie hält mich gefangen in der
Angst, nicht zu genügen.
Ich kenne sie, ich spreche mit ihr,
ich setze ihr Grenzen, ich hoffe
auf Erleichterung.

10. Mai

Mitten im Leben begegnen mir Kraft und Zerbrechlichkeit, Schönheit und Widerwärtigkeit, Geburt und Tod. Tag für Tag will ich verinnerlichen, dass diese Spannung mir ein spannendes Leben schenkt.

11. Mai

Enttäuscht von mir selbst,
vom Getriebensein, das mich
entfremdet von meiner Mitte.
Ich peitsche mich durch den Tag,
ohne es zu merken. Ich stehe
dazu, damit jetzt ein Neuanfang
möglich wird.

12. Mai

Tiefes Durchatmen beim
Frühlingsspaziergang durch den
Wald. Da stellt sich mir die Frage
nach dem Sinn des Lebens nicht,
sie ist beantwortet durch mein
staunendes Dasein.

13. Mai

Beharrlich meiner Intuition
trauen, Einsamkeit aushalten,
auch mit Verunsicherungen
meinem inneren Feuer treu bleiben.

14. Mai

Bei mir selbst zu Hause sein,
innehalten dank dem
Eingebundensein im
Schöpfungshaus, den Atem Gottes
wahrnehmen in allem, aufstehen
für ein liebevolles Miteinander.

15. Mai

Konflikte benennen mit Klarheit, mich und andere nicht mehr schonen, Grenzen einfordern – Ent-Täuschungen sind unvermeidbar im Respektieren der Verschiedenheit. Mein Friedensweg vollzieht sich Schritt für Schritt im Aussprechen von Konflikten.

16. Mai

Aus meiner Mitte heraus mich exponieren für eine gerechtere Welt. Klartext reden, ohne andere zu verurteilen. Gewaltfreier Widerstand wächst in konfliktfähigen Versöhnungsgesprächen.

17. Mai

Mich vom Wind berühren lassen, innerlich angerührt sein durch die wunderbare Schönheit der Schöpfung und zugleich berührbar bleiben für die Härte des Lebens.

18. Mai

Sein dürfen, nichts mehr beweisen: Im Gespräch mit den inneren Kritikern befreiend spüren, wie die Angst an Kraft verliert, weil die Liebe beflügelt.

19. Mai

Die Bösartigkeit, die Menschen in ihrem Egoismus gefangen halten kann, stellt mich auf den Boden der Realität. Trotzdem und erst recht erzähle ich vom Friedensweg, den Menschen weltweit begehen.

20. Mai

Klarheit wünsche ich mir im Gespräch, im Ringen um gerechtere Strukturen. Klarheit schafft Ernüchterung und Befreiung zugleich.

21. Mai

Hinter die Bilder schauen, die Dimension der Ewigkeit erkennen, die dazu befähigt, mehr im Hier und Jetzt zu verweilen.

22. Mai

Das Kloster in sich entdecken,
jenen heiligen Ort, der uns daran
erinnert, dass wir mehr sind als
unsere Leistung, unser Erfolg.
Innehalten mitten in der
hektischen Stadt, eintauchen in
die tiefere Verbundenheit des Seins.

23. Mai

Aufgewühlt durch die Zerbrechlichkeit von Beziehungen: Was trägt? Was bleibt? Authentisches Leben verschont nicht; Leben aus der Tiefe lehrt uns, mit Verletzungen und Erschütterungen umzugehen.

24. Mai

Sichere Arbeitsplätze sind eine Illusion«, lese ich in der Tageszeitung. Wann brechen wir auf aus der Sklaverei der Ohnmacht? Wann stehen wir auf für Arbeitsstrukturen, die den Menschen dienen und nicht einer asozialen Globalisierung?

25. Mai

Verwurzelung ist lebensnotwendig. Ich bin schon verwurzelt, sonst könnte ich nicht leben, wachsen und reifen. Hoffnungsstiftend wird mein Weg, wenn ich meine Wurzeln entdecke, benenne und dankbar feiern kann.

26. Mai

Klage, Trauer, Wut sind lebensfördernde Gefühle. Sie können integriert werden, wenn wir sie nicht bekämpfen, sondern als Herausforderung und Einladung verstehen, um ganze Menschen sein zu dürfen, die unvollkommen bleiben.

27. Mai

Staunen können, feinfühlig, achtsam, sensibel werden in großer Dankbarkeit für die Wunder der Schöpfung. Mein Staunen lässt mich auch intensiver all die entsetzlichen Ungerechtigkeiten wahrnehmen. Nie will ich mich daran gewöhnen.

28. Mai

Gerechtigkeit ist nur in Beziehung möglich. Ich suche weiterhin Verbündete, Menschen mit Visionen, die im Schweigen Kraft schöpfen für einen glaubwürdigen Widerstand, dem Leben zuliebe.

29. Mai

Erholung, Ausruhen, Verweilen, Langsamkeit sind zentrale Werte, die anstiften zu einem glücklichen Menschsein. Jenes Glück, das verbindet im Teilen von Lebensfreude und Schmerz.

30. Mai

Die Ewigkeit ist meine Heimat. Sie führt zur Liebe zu aller Kreatur. Sie beflügelt zum Einsatz für die Menschenrechte. Sie bewegt mich zum Schreiben von Protestbriefen.

31. Mai

Die Angst will mich lähmen.
Sie will mich hindern, in Klarheit auszusprechen, was ich fühle, was ich ersehne. Ich will mich nicht gefangen halten lassen in Kleinlichkeiten, mich nicht hindern lassen, Großes zu wagen.

Juni

1. Juni

Ich kann mich wehren.
Jede und jeder von uns hat die Aufgabe, sich zu wehren, wenn eigenes Recht bedroht ist und wenn andere Menschen zum Spielball von Machtinteressen werden.

2. Juni

Staunendes Verweilen im Wald:
hineingezogen von der Grünkraft,
angerührt von den Wassertropfen
auf den Seerosenblättern –
tiefe Dankbarkeit bewohnt mich.

3. Juni

Teilhaben an der weltweiten Friedensbewegung, die sich auch in meiner täglichen Meditation und in den vielen unscheinbaren Friedensschritten ausdrückt.

4. Juni

In kleinen Gesten und Berührungen erfahren, wie unsere Seele genährt wird, wenn wir nachklingen lassen, was Lebendigkeit schenkt.

5. Juni

Heute leben, als ob es mein
letzter Tag wäre –
im aufmerksamen Dasein jede Geste,
jedes Wort, jeden Blick als
Geschenk des Himmels sehen.

6. Juni

Müßiggang entdecken als Lebenskraft, der Beziehungen stärkt zum langen Atem der Hoffnung. Dem Sprichwort »Müßiggang ist aller Laster Anfang« widersprechen: Lange-Weile dient der ganzen Schöpfungsgemeinschaft.

7. Juni

Mystik ist
weder schwärmerisch noch
abgehoben, sie führt in die Mitte
des Lebens, in die lebensbejahende
Erfahrung des Ergriffenseins, die
vieles begreifen lässt.

8. Juni

Frustration und Enttäuschungen gehören zum Leben. Sie fordern mich heraus, zugleich mein Augenmerk auf das zu richten, was gelingt.

9. Juni

Ja sagen zum Heute, so, wie es ist – was für eine Zumutung! Wenn es mir gelingt, dann wird Schweres leichter, Verkrampftes gelöster …

10. Juni

Ökologische Aufmerksamkeit ist entscheidend für die Zukunft der Welt. Ich vertraue auf Verbündete, die miteinander das Leben feiern, damit es noch mehr geschützt wird.

11. Juni

Abschiednehmen von Vertrautem, nichts festhalten wollen, Trauer und Dankbarkeit ergänzen sich im Wagnis der Liebe.

12. Juni

Friede wird möglich sein, heute – eine Utopie? Ich werde festhalten an dieser Vision, die nicht zu haben ist.

13. Juni

Leiden an der Grausamkeit der Menschen, die sich durch die Gewalt ausdrückt, durch Zwangsprostitution – wie kann ich weiterhin vom guten Kern in jedem Menschen sprechen?

14. Juni

Mich annehmen in meiner Dünnhäutigkeit, mir wohlwollend begegnen in meiner Begrenztheit – so wie ich geduldig anderen Menschen zuhöre, die oft dieselben Fragen einbringen.

15. Juni

Aufatmen beim Erkennen,
dass ich Unterstützung suchen
kann, weil ich vernetzt bin in
einer Aufbruchsbewegung vieler
Menschen guten Willens.

16. Juni

Mich sein lassen heute, weder beurteilen noch bewerten, sondern den Weg als Ziel sehen, der sehr weit führt: zur innersten Mitte, die immer schon auf mich wartet.

17. Juni

Einfach da sein, zuhören,
Raum schaffen,
damit die/der andere die Lösung
ihrer/seiner Fragen hört,
die zum Neuanfang ermutigt.

18. Juni

Anteil nehmen an meinem
inneren Leben, wohlwollend
wahrnehmen, was blockiert ist
und was noch mehr leben möchte:
Achtsamkeit anstelle von
abwertender Härte.

19. Juni

Die politische Dimension jedes spirituellen Weges muss noch mehr freigelegt werden: Wer in sich geht, der findet einen neuen Zugang zum tragenden Grund und zum Engagement.

20. Juni

Neu anfangen können jeden Morgen, sich und anderen mit Güte begegnen. Beim Sonnenaufgang bestärkt werden zum Wagnis des Heute.

21. Juni

Das Leben in größeren
Zusammenhängen sehen,
nicht sofort haben müssen,
was beharrlich wachsen und
reifen darf.

22. Juni

Nichts müssen,
einfach sein dürfen,
eintauchen in einen tieferen
Grund: geliebt in meinem
So-Sein.

23. Juni

Heute bewusst
gute Nachrichten weitererzählen.
Weltweit geschieht so viel
Friedvolles, das kaum erwähnt wird.
Heute Gute-Nachrichtensprecher,
Gute-Nachrichtensprecherin sein!

24. Juni

Lauschen können,
ganz Ohr sein heute,
den Klang des Ewigen hören
in den alltäglichen Geräuschen.

25. Juni

Sich nicht in Zukunftsfragen verlieren, die mir den Boden unter den Füßen entziehen, weil sie der Angst zu viel Raum schenken. Jetzt lebe ich.

26. Juni

Meine Achtsamkeit, die ich in vielen alltäglichen Begebenheiten lebe, verbindet mich mit dem Beseeltsein von Schöpfung und Kosmos.

27. Juni

Leidenschaftliche Gelassenheit leben: mich meiner heutigen Verantwortung stellen und mich entlasten, weil ich mehr bin als meine Leistung.

28. Juni

Verlorenheit wahrnehmen beim Erwachen. Meine Schwere begrüßen, damit sie erleichtert wird vom Druck, alles alleine tun zu müssen.

29. Juni

Mich selbstbewusst einbringen
und zurücknehmen können:
Beides lässt mich aufatmen.
Mit Entschiedenheit kämpfen,
ohne verbissen zu werden.

30. Juni

In meinem ganzen Unterwegssein bin ich immer schon begleitet: Mein Atem weitet meinen Blick, mein Durchatmen tut mir gut und bestärkt auch die anderen zum Innehalten.

Juli

1. Juli

Die Kraft der Nacht erfahren
unter dem Sternenhimmel – ein
geheimnisvolles Ereignis, das mich
einlädt, die Angst vor dem Dunklen
zu verwandeln.

2. Juli

Tiefe Dankbarkeit dem Leben gegenüber spüren. Sie weist über mich hinaus auf eine engagierte Achtsamkeit, damit Schwester Luft und Bruder Wasser nicht mehr beschmutzt werden.

3. Juli

Beim Schließen der Augen mir den Kreis all jener Menschen vergegenwärtigen, die sich jetzt, in diesem Moment, auch für Frieden in Gerechtigkeit ein- und aussetzen.

4. Juli

Eskalation der Gewalt nährt meine Ohnmacht – hoffen in aller Hoffnungslosigkeit will ich, auch im schweigenden Einstehen für den Frieden.

5. Juli

Sich zusammenfinden,
um der Ohnmacht jene innere
Lebensmacht entgegenzustellen,
die solidarisches Handeln freilegt.

6. Juli

In der Nacht das innere Licht
intensiver sehen, ein Hinein-
wachsen ins Urvertrauen,
weil mein Dasein genügt.

7. Juli

Beheimatet sein,
auch in sich selbst,
im Gestalten von Freundschaft
und Friedensräumen,
die im Urgrund allen Lebens
verwurzelt sind.

8. Juli

Berührt sein vom unerklärlichen Geheimnis der Liebe, das mich beflügelt zu einer ansteckenden Lebensfreude.

9. Juli

Bangen um den Frieden, einmal mehr aufgewühlt durch erschreckende Nachrichten, die Misstrauen und Resignation fördern. »Give peace a chance« (John Lennon).

10. Juli

Im Reinigen der Wohnung die Gabe sehen, meditativ den Staub des Alltags zu entfernen, um auch dank Alltagsarbeiten innerlich ruhiger zu werden.

11. Juli

Stundenlang im Zug sitzen:
An meinen inneren Augen kann
ich nochmals vorbeiziehen lassen,
was mich bewegt und nährt.

12. Juli

Dem inneren Groll begegnen,
Frustration über eine Absage.
Wie schnell kann mich die
Kleinlichkeit eines Ärgers
gefangen halten. Erst im
Annehmen dieser Grenze zeichnet
sich eine Spur zum Verzeihen ab.
Ich lasse mir Zeit.

13. Juli

Die erotische Dimension Gottes erahnen in unserer Sinnlichkeit. Sie bestärkt mich zum Genuss des Daseins.

14. Juli

Die Eskalation der Gewalt empört und lähmt mich. Trotzdem: Ich lasse mir die Hoffnung nicht nehmen, jetzt erst recht mit anderen Friedenszeichen zu verwirklichen.

15. Juli

Sich anhalten lassen
von spielenden Kindern,
hineingenommen werden in eine
Leichtigkeit, die Schwere
aufweichen kann.

16. Juli

Selbsterkenntnis gehört zur alltäglichen Nahrung, um auch für andere zum Segen werden zu können.

17. Juli

Vorstellungen aufgeben, die mir dabei im Weg stehen, im Heute zu leben. Gegenwärtig sein im Augenblick, tief durchatmen, dem Leben zuliebe.

18. Juli

Die Diskrepanz zwischen den Idealen und den ganz konkreten Störungen im Alltag spüren. Ernüchterung und zugleich Zu- und Anspruch, ehrlich zu werden, auch mit mir selbst.

19. Juli

Durch die Musik bewegt
und berührt werden,
meine Lebensmelodie
zum Klingen bringen.

20. Juli

Meinem Leib mit großer Dankbarkeit begegnen, ihn pflegen, ihn beweglich halten in meinen täglichen Übungen, die mir zur Meditation werden, staunen über das Wunderwerk meines Leibes.

21. Juli

In die Kraft der Erinnerung eintauchen, sich in die Zeitlosigkeit hineinbegeben, um in der Gegenwart hautnah zu erleben, wie viele Überraschungen das Leben für mich bereithält.

22. Juli

Frühmorgens, unter dem Sternenhimmel einfach nur staunen, mich klein, aufgehoben und eingebunden fühlen, mich groß und einzigartig sehen …

23. Juli

Der Ohnmacht das Gesicht der Hoffnung entgegenhalten – Friedensgesichter sehen, die weltweit leuchten.

24. Juli

Neue Begegnungen wagen,
auf die Suche gehen nach der
befreienden Einsicht,
schon gefunden zu sein.

25. Juli

Langsamkeit entdecken, um wirklich sehen, schmecken und hören zu können, dass alles beseelt ist. Mich von den Wundern der Schöpfung umarmen lassen.

26. Juli

*Grenzerfahrungen annehmen,
immer wieder, um lebendig zu
bleiben, sich befreien von einem
lähmenden Perfektionismus.*

27. Juli

Im schweigenden Unterwegssein
die tiefe Verbundenheit spüren,
diese kraftvolle Energie, die
Menschen einander schenken
können, wenn sie auf die Stille
hören.

28. Juli

Wehmut spüren, mitten in Zeiten der Fülle, nicht aus Mangel, sondern aus der tiefen Sehnsucht nach Ewigkeit, die ich zum Glück nie loswerde.

29. Juli

Tiefe Dankbarkeit erfahren,
wenn Menschen ihre Stärken und
ihre Verletzlichkeit mitteilen,
wenn sie ihr wahres Gesicht
zeigen.

30. Juli

Dem Rauschen des Wassers zuhören. Hineingeholt werden in eine erfrischende Lebendigkeit, die vertrauensvolle Kreise ziehen wird.

31. Juli

Nährende Worte und Bilder wieder hervorholen, sie in der Tiefe der Seele einprägen lassen, damit sie auch in kargen Zeiten meine Hoffnung wachhalten können.

August

1. August

Heimat:

Wo, wie erlebe ich sie?

An jenen Orten, an denen ich anerkannt bin in meiner Einmaligkeit.

2. August

Das innere Licht in jedem Menschen erkennen, das innere Feuer erwecken, das glücklich werden lässt in selbstbewusster Auf-Gabe.

3. August

In den verschiedenen Farben die schöpferische Lebenskraft entdecken, die uns verbindet mit dem Lebensatem, der uns zum tanzenden Mitsein bewegt.

4. August

Tasten nach Sinn angesichts
der weltweiten Ungerechtigkeit,
der wahnsinnigen Kriege.
Ich gebe nicht auf,
Friedensstiftende zu finden.

5. August

Nicht mehr nur vom Loslassen sprechen, meinen Leib schütteln, das Belastende und Beugende abschütteln, jeden Morgen neu.

6. August

Komplimente annehmen können,
die Angst vor Nähe verwandeln,
weil wohltuende Echos nicht nur
meinem Wirken, sondern auch
meinem Sein Kraft schenken.

7. August

Mich schützen vor den himmelschreienden Kriegsnachrichten. Ganz bewusst nur einmal pro Tag die Nachrichten hören, um die Friedensarbeit nicht zu gefährden.

8. August

Wurzeln spüren, tiefere
Verbundenheit wahrnehmen,
Dankbarkeit feiern in unserem
herzhaften Lachen, das
Freundschaft stärkt.

9. August

Mich nicht zu sehr aufhalten lassen von lebensbehindernden Mustern, mich meinem heilenden Wachstumspotenzial zuwenden, aufgerichtet werden von innen.

10. August

Der Kraft des Vertrauens Räume eröffnen, damit ich inspiriert werde zu neuen Worten für das Unsagbare.

11. August

In meiner Sammlung ereignet sich in der Stille höchste Aktivität des Nichttuns, die ausstrahlt im persönlichen und sozialen Mitsein.

12. August

Berührt sein im Innersten – ohne Grund, erahnen, wie mein Leben sich durch die Ruhe immer mehr ent-wickeln kann, zum Wohle vieler Menschen.

13. August

Die Würde aller Menschen achten in Respekt und Toleranz. Meine Menschlichkeit ist notwendig im Einsatz für die Menschenrechte.

14. August

Mich versöhnen mit meiner Geschichte, immer wieder neu, damit Energien freigesetzt werden können für das Hier und Jetzt.

15. August

Die eigene Endlichkeit annehmen, weil der Himmel schon in mir ist: an jenem Ort in mir, wo die Liebe alles durchatmet.

16. August

Mitleiden mit einem Menschen in Not, mich einzulassen auf einen inneren Schrei und ihn auszuhalten heißt, heilend zu wirken für alle.

17. August

Freundschaft pflegen, im persönlichen Austausch die eigenen Lebensthemen wiederfinden dank einer großen Vertrautheit.

18. August

Zerrissenheit spüren, innere Unruhe, die mich mit meinen Schattenseiten konfrontiert. Wirkliche Menschwerdung bewegt sich vom Dunkel zum Licht.

19. August

Leidenschaftlich eine neue Sprache suchen, nicht aus Beliebigkeit, sondern aus Treue zum Wesentlichen. Alte Floskeln verlassen, mich von Worten für das Unsagbare finden lassen.

20. August

Angerührt vom Geheimnisvollen,
vom Nichtwissen, vom Eintauchen
in die tieferen Schichten meines
Daseins, die sich uns entziehen,
obwohl sie immer ganz nahe sind.

21. August

Mitten im Leben vom Tod umgeben. Sterben gehört zum Menschwerden. Trotzdem kann der Tod eine gewaltige Erschütterung bewirken, die erst in einem jahrelangen Trauerprozess heilend angenommen werden kann.

22. August

Das Leben selbst ist mein Lehrmeister. Ich muss nicht alles meistern, sondern ich darf mich hineinwagen in den Fluss der Liebe, der neue Tiefe und Weite schenkt.

23. August

Schweigendes Dasein aus
Verantwortung für die Schöpfung.
Schweigende Grundhaltung, um
aus der tiefen Hoffnungsquelle
schöpfen zu können für
solidarische Aufbrüche.

24. August

Der Gelassenheit eine Chance geben, damit ich mich noch entschiedener ein- und aussetzen kann, weil mein Beitrag genügt.

25. August

Mich in die Gegenwart Gottes hineinweben lassen – im Einklang mit mir selbst mitfühlendes Handeln wagen.

26. August

Nicht zu viel wollen, mein gesundes Maß finden, Prioritäten setzen, die entlasten zu einem begrenzten Einsatz, der viel bewirken kann.

27. August

In meinem Element sein, meine schöpferische Schaffenskraft fließen lassen, Anstrengung und Erholung verwirklichen, gelingendes Leben ermöglichen.

28. August

Meine Begrenztheit annehmen, Unterstützung suchen. Wie schön, dass wir Menschen aufeinander angewiesen sind, weil wir im Dialog zu uns selbst finden!

29. August

Heute bewusst von Zeit zu Zeit tief durchatmen, weil ich sehr gefordert sein werde. Weil ich wenig Zeit habe, werde ich mir erst recht Atempausen gönnen.

30. August

Eigene Widersprüchlichkeit
annehmen, jene Diskrepanz, in der
ein Unterschied zwischen Ideal
und Wirklichkeit aufscheint.
Meine Würde entfaltet sich in
meiner Begrenztheit.

31. August

Schritt für Schritt den heutigen Tag durchschreiten, mich regelmäßig sammeln lassen, aufmerksam arbeiten, ruhen, kämpfen und genießen.

September

1. September

Heute ist der wichtigste Tag in meinem Leben – diese Zusage befreit mich zum Dasein, zu einer befreienden Lange-Weile, zur staunenden Fülle.

2. September

Leer werden, mich ganz tief
verbinden mit der Fülle des Lebens.
Meine Zeit heißt Jetzt.

3. September

Meine Protestbriefe und mein mitfühlendes Dasein werden meiner Ohnmacht Risse verleihen – Hoffnungsfunken brechen auch heute durch.

4. September

Verlorenheit und Schwere
bewohnen mich – trotzdem:
Ich danke auch heute für das
große Geschenk meines Lebens.

5. September

Qi-Gong ist mein Gebet:
Ich werde bewegt und berührt
vom Fluss der Liebe.

6. September

Ich nehme meine Verantwortung
für eine menschlichere Welt wahr.
Ich bringe meinen Teil ein, hoffend,
dass viele andere es auch tun.

7. September

Ein wunderschöner Regentag
begrüßt mich.
Mit der Schöpfung freue ich mich
über die erfrischende Nahrung des
Regens.

8. September

Meiner Intuition trauen.
Sie begleitet mich zur Tiefe des
Lebens, zu meiner Lebendigkeit,
die mich einfach sein lässt.

9. September

Sein dürfen in meiner
Begrenztheit, in meiner
Zerbrechlichkeit – meine
Verunsicherung nicht überspielen.

10. September

Mein Aufstehen vertiefe ich in der Hoffnung, dass weltweit Frauen und Männer einstehen für Respekt und Menschlichkeit.

11. September

Verwurzelt in der Schöpfung:
den Lebensatem Gottes ein- und
ausatmend fließen lassen, gerade
auch angesichts der Brutalität
des Lebens.

12. September

Vertrauen im Nicht-Vertrauen, im Heute leben, trotz Verunsicherungen der Kraft des Augenblicks eine Chance geben.

13. September

Lustvoll die Liebeskraft genießen, erahnen, wie die verschwenderische Schöpferkraft Menschen zum Glück bewegt.

14. September

Ich gehe Schritt um Schritt in diesen Tag, nicht mehr, nicht weniger – meine Achtsamkeit genügt.

15. September

Mein Atem verbindet mich mit Lebenden und Verstorbenen. Alles ist beseelt, ich bin Teil eines wunderbaren Ganzen.

16. September

Lebendig bleiben, die Spannung aushalten, dass Menschen und die Schöpfung wunderbar und unberechenbar grausam sein können.

17. September

Darf es mir gutgehen heute?
Ich freue mich über meine
Leichtigkeit, über meine Lebenskraft.
Es ist nicht nur meine Kraft,
sondern die göttliche Kraft in mir,
die ausstrahlt für andere.

18. September

Mich versöhnen mit dem Leben: Das Schöne auskosten, das Schreckliche anschauen, aushalten, verwandeln – wenn beides sein darf im Leben, dann wächst von innen ein Ja.

19. September

Ich verbinde mich mit den Menschen, Hunderttausenden, die gegen die Atompolitik demonstrieren. Schöpfen aus der inneren Quelle verpflichtet mich, die Schöpfung zu schützen, aufzustehen für eine andere Energiepolitik.

20. September

Der Sonnenaufgang beglückt mich. Sein sanftes Rot holt mich hinaus aus der Enge der Nacht. Er lädt mich ein, dankbar im Leben zu stehen.

Mein bescheidener Beitrag
für eine gerechtere Welt genügt.
Ich finde ein gesundes Maß,
weil ich nur so mich einbringen
und mich zurücknehmen kann.

22. September

Eine Friedenskraft entsteht,
wenn Menschen den Tag hindurch
regelmäßig tief durchatmen,
ihre Ausstrahlung verwandelt
den Alltag. Im Hier und Jetzt
strahlt die Kraft der Ewigkeit.

23. September

Ernten können, einfach auskosten, was auf einem langen Wachstumsweg reifen konnte. Erst im Nachhinein staunend sehen, wie sich nach der Verzweiflung eine neue Freiheit ausbreitet.

24. September

Reinigung unserer Wohnung: Staubsaugen, Badezimmer putzen – manchmal lustvoll, manchmal mühsam. Auch ein äußerer Reinigungsprozess kann mich zu einer inneren Reinigung bestärken.

25. September

Meinen Blick nicht fixieren auf all das, was ich nicht ändern kann, sondern mich besinnen auf meine Möglichkeiten, um Veränderung zu fördern.

26. September

Leidenschaftlich leben, berührbar bleiben, weil ich mich schützen kann – liebend unterwegs sein voller Lebenskraft und Verletzlichkeit.

27. September

Aus meiner Mitte leben, den Rhythmus des Lebens akzeptieren: Helles und Dunkles, Schweres und Leichtes, Lustvolles und Unangenehmes integrieren in meinen Weg.

28. September

Gelassenheit einüben:
wahrnehmen, was ist,
es nicht bewerten, damit Kraft
zur Umgestaltung da ist.
Gelassen sein, weil die Vielfalt
meiner Gefühle sein darf.
Nur was angenommen ist,
kann verwandelt werden.

29. September

Qi-Gong stärkt mich,
meine innere Energiekraft wird
geweckt, kann fließen.
Sein dürfen, bevor ich etwas tue:
bewegt sein, berührt sein,
mitfühlend sein, kreativ sein.

30. September

Danken für das Geschenk meines Leibes. Ich gönne mir den Tag hindurch Atempausen: lockere meine Schultern, reibe meine Hände, strecke mich, atme tief durch.

Oktober

1. Oktober

*Ich kann mich wehren,
indem ich klar ausdrücke,
was ich kann und was ich
nicht kann und nicht will.*

2. Oktober

Eintauchen in die Kraft des Segnens. Das Wesentliche ist schon da. Es erwartet mich, um noch mehr entfaltet zu werden: global denken, lokal handeln.

3. Oktober

In der Tiefe meines Seins ist alles eins: das Verbindende feiern, Unterschiede aushalten, Toleranz und Respekt leben und einfordern.

4. Oktober

Aus der Mitte leben:
mitten im Leben stehen,
mit seinem Auf und Ab,
seinen Störungen, seinem Staunen –
zupacken und geschehen lassen.

5. Oktober

Zuhören können wie Momo,
in der Aufmerksamkeit da sein,
präsent sein, nichts verändern
müssen, damit sich von innen her
etwas verwandeln kann.

6. Oktober

Kritische Echos zu meinem Schreiben und Tun erden meine Spiritualität. Ich schätze die Anerkennung und sehe die Kritik als Chance, befreit zu werden vom Anspruch, perfekt sein zu müssen.

7. Oktober

Aufrecht dastehen, aufrichtig werden, mich verbinden mit dem Hoffnungsfluss, der durch all die Kinder, Jugendlichen, Frauen und Männer fließt, die sich nicht verbiegen lassen und die in aller Einfachheit Zivilcourage wagen.

8. Oktober

Bei Dir ist die Quelle
des Lebens« (Psalm 36,10):
Diese biblischen Hoffnungsworte
begleiten mich heute. Sie strahlen
seit Jahrhunderten eine Kraft aus –
ich vertraue mich ihr an.

9. Oktober

Versöhnung wagen im
Wahrnehmen meiner Wut.
Weil sie sein darf,
verliert sie ihre Macht.
Stampfen können, von innen her
aufgerichtet werden.

10. Oktober

Staunende Dankbarkeit bewohnt mich – auferstehen zum Jetzt. Mein Atem verbindet mich mit allem, was lebt.

11. Oktober

Mich verbinden mit allen Menschen, die sich auch konkret im Alltag einmischen für eine menschlichere Arbeitsatmosphäre. Die Kraft der Ohnmächtigen wird wachsen.

12. Oktober

Die Konkretisierung der Menschenrechte braucht jede und jeden von uns: Protestbriefe und Achtsamkeit sind meine beiden Hoffnungszeichen.

13. Oktober

Frühmorgens mich der Stille anvertrauen, den neuen Tag bewusst begrüßen, als Gabe und Auf-Gabe.

14. Oktober

Ich bin mehr als meine Gedanken, meine Gefühle, meine Leistung. Ich bin eingebunden in eine tiefere Wirklichkeit, die mich befreit zum Präsentsein im Jetzt.

15. Oktober

Jeden Morgen zünde ich eine Kerze an, die in den Tag hinein brennt als Hoffnungszeichen, besonders für jene Menschen, die durchgeschüttelt werden durch die Härte des Lebens, die durch Krankheit und Tod die dunkle Nacht der Seele erfahren, mit ihnen hoffe ich …

16. Oktober

Zupacken und Geschehenlassen heißen meine beiden lebensbejahenden Grundhaltungen, die ich mir jeden Tag wiederhole. Zupacken fällt mir leichter als Geschehenlassen …

17. Oktober

Eintauchen in die Kraft des Ursegens – mich erinnern, dass meine Lebensfreude und meine Verunsicherung zum Segen werden für andere, wenn ich beides mitteile. Die Schönheit und Brüchigkeit des Lebens begegnen mir, wenn ich intensiv liebe.

18. Oktober

Freude über die Geburt eines Kindes. Sie erzählt vom Vertrauen, dass Gottes Nähe alltäglich neu geboren wird.

19. Oktober

Mich nicht lähmen lassen
von der Angst vor dem Leben.
Sie wahrnehmen, mit ihr ins
Gespräch kommen, sie nach ihrem
tieferen Grund befragen.
Mich erinnern, dass ich mehr bin
als meine Angst.

20. Oktober

Einmal mehr mich versöhnen mit dem Dunklen in mir, das mir als lähmende Schwere entgegenkommt. Tief ein- und ausatmend komme ich im Jetzt an.

21. Oktober

Traumhafter Blick zu den
Berggipfeln, der mich beglückt
und mich die geheimnisvolle
Präsenz des Ewigen erfahren lässt.
Merci.

22. Oktober

Ja sagen zu mir, zum Geschenk meines Lebens, zu meinen Verwundungen. Heute einstimmen ins große Ja.

Mein seelischer Schmerz ist groß. Mein Verstand will dies als Rückschritt abwerten. Heilsam sind die Worte des Theologen Hieronymus aus dem 5. Jahrhundert: »Lache nicht vorschnell über den, der zwei Schritte zurückgeht; es könnte sein, dass er nur Anlauf nimmt.«

24. Oktober

Dem Leben zuliebe
auch Nein sagen können,
Begrenzung als Chance für meine
Menschlichkeit sehen, die auf
Gnade angewiesen ist.

25. Oktober

Authentische Klarheit stiftet Beziehung. In respektvoller Ehrlichkeit erfährt die/der andere ihre/seine Würde, auch wenn das schmerzen kann.

26. Oktober

Dem Tag zulächeln,
hineinwachsen ins Vertrauen,
dass durch mein achtsames Dasein
und meine politischen Aktionen
Frieden in Gerechtigkeit
wachsen kann.

27. Oktober

Das Spiel der Wolken ermutigt mich, meine Gedanken immer wieder wie Wolken vorbeiziehen zu lassen. Mein Kopfkino ist nie die ganze Wirklichkeit, sondern sehr oft eine Gedankenfülle, die mich entfernt von mir selbst und von meinem göttlichen Grund.

28. Oktober

Meine Gedanken treiben mich in die Zukunft. Sie hindern mich, beim Aufstehen stehen zu bleiben. Ich setze ihnen geduldig Grenzen, indem ich atmend langsam ankomme im Heute.

29. Oktober

Ich kann mich selbst,
die anderen und die Welt nicht
einfach so ändern. Wenn ich diese
Lebensweisheit mit Leib und Seele
annehme, dann eröffnet sich ein
großer Spielraum der Veränderung.

30. Oktober

Berührbar bleiben, von innen her auferstehen, offen bleiben für die Überraschungen des Tages, die meine Egoebene aufbrechen zum einfachen Dasein.

31. Oktober

In der Begrenztheit den Mut haben, Hilfe zu suchen und anzunehmen. Es hängt nie von mir alleine ab, ich bin aufgehoben in einem Beziehungskreis, der an Tiefe und Humor gewonnen hat.

November

1. November

Das Geschenk meiner Gesundheit feiern und zugleich mitfühlend sein mit kranken und sterbenden Menschen.

2. November

Mit Tränen vom Tod eines vertrauten Menschen erfahren. Der Tod bleibt hart, obwohl er zum Leben in Fülle gehört. Er tut weh, obwohl er Tor zur Ewigkeit ist.

3. November

Lieben und loslassen heißen die beiden Geschenke und Herausforderungen unseres Lebens. Ich nehme sie auch heute mit auf meinen Weg.

4. November

Die Weite des Himmels als Einladung sehen, mich den Tag hindurch weiten zu lassen, im tiefen Durchatmen einengende Reflexe zu lösen.

5. November

Die leuchtenden Herbstfarben erinnern mich an das Leuchten der göttlichen Lebenskraft. Sie muten mir zu, Ja zu sagen zu meiner Endlichkeit, die aufgehoben ist im Ewigen.

6. November

Träume mit lebensbehindernden Botschaften erschweren mein Erwachen. Qi-Gong lässt mich die Schwere aufweichen, Leibübungen sind meine Meditation.

7. November

In und aus der Verbundenheit
leben mit all den Menschen –
Lebenden und Verstorbenen –,
denen ich viel verdanke.
Diese Dankbarkeit auskosten, weil
sie mich befreit zu meinem
ureigenen Weg.

8. November

Erwachen zum Jetzt.
Aufbrechen zum Vertrauen,
schon angekommen zu sein.
Wesentliches hängt nicht nur
von mir ab, ich bin begleitet.

9. November

Nie vergessen:
Novemberpogrome und Mauerfall.
Schreckliches und Kraftvolles so nah beieinander. Mitten im Leben zu stehen heißt, Kraft und Zerbrochenheit anzunehmen.

10. November

Auch heute mitgestalten an einer friedvolleren Welt – Vertrauen schöpfen im Eintauchen in die Erinnerung, dass im Innersten alles gut aufgehoben ist.

11. November

Dankbar wahrnehmen, wie viele Menschen im Hintergrund arbeiten, damit mein Zug fahren kann. Mit meinem lächelnden Blick drücke ich dieser Wirklichkeit meine Anerkennung aus.

12. November

Waschtag –
Reinigung gelingt nicht nur von innen nach außen, sondern auch von außen nach innen. Alltägliche Arbeiten mit all ihren Störungen erden und vertiefen meine Spiritualität.

13. November

Lebenslust spüren, genießen, auskosten – lateinamerikanische Musik der Grupo Sal nährt meine Hoffnung zu einem Aufbruch der zornigen Zärtlichkeit.

14. November

Ent-Täuschungen beinhalten
die Chance, das Leben nicht nur
auf die Egoebene zu reduzieren.
Im Loslassen von Erwartungen
eröffnet sich mir eine neue Weite.

Mein Dasein genießen und meine Sehnsucht nach einer gerechteren Welt wachhalten – mich verbinden mit all den friedensfördernden Menschen.

16. November

Mich sammeln, um transparent werden zu können für die göttliche Lebenskraft, die sich in Engagement und schweigendem Innehalten entfaltet.

17. November

Lächelnd den Tag begrüßen, danken für das Geschenk meines Lebens – zu mir stehen, zum Segen werden im Teilen von Lebensfreude und Schmerz.

18. November

Im erholenden Nichtstun
sehr viel tun für einen gesunden
Lebensrhythmus – mein Beitrag
zur Verringerung der
Gesundheitskosten.

19. November

Den intensiven Erfahrungen der letzten Tage einen großen Resonanzraum schenken, damit das Erlebte nachwirken und mich nähren kann. Mein Beitrag zu einem einfachen Lebensstil.

20. November

Dem inneren Kind meine Hand reichen, mich von ihm begleiten lassen – von ihm erfahren, wohin mein Weg zum Wesentlichen führt.

21. November

Intimität und Vertrautheit zu erfahren mit meinem liebsten Menschen ist für mich eine leuchtende Spur, die dank der göttlichen Liebeskraft aufscheint.

22. November

Miteinander nicht unterschätzen, wie viel wir bewirken können. Die Macht der Ohnmächtigen ist größer, als wir denken. Sie wächst jeden Tag, wenn noch mehr Menschen teilend unterwegs sind.

23. November

In Wut und Trauer nicht fixiert bleiben auf die Verlogenheit, die bei Amtsträgern zunimmt. Noch entschiedener mein Leben leben und mich nicht verbiegen lassen.

24. November

Meine äußeren Reisen als Einladung verstehen, meine innere Reise weiterhin zu wagen im dankbaren Staunen über die vielen Gaben, die Du in mir angelegt hast.

25. November

In Beziehung sein –
das Verbindende wertschätzen.
Beseelt sein von Schöpfung und
Kosmos feiern: jene ver-rückte
Hoffnung, dass der liebend-
göttliche Atem alles bewegt.

26. November

Gelassen sein, Wut und Trauer spüren als Ausdruck meiner Lebendigkeit, damit ich sie besser lassen kann, weil ich mehr bin als mein Gedanken- und Gefühlskarussell.

27. November

Über sich selbst lachen können –
die Kraft des Humors stiftet
Beziehung und weitet das Herz
für all das Bruchstückhafte,
das uns menschlich bleiben lässt.

28. November

Dankbarkeit spüren,
tief innen erfahren, wie groß die
Verbundenheit mit all den
Menschen ist, die auch die Kraft
der Stille als politisches
Hoffnungszeichen leben.

29. November

Mein Dasein verstehe ich als
Einsatz für die Menschenrechte.
Trotz zunehmender
Fremdenfeindlichkeit werde ich
Verbündete suchen, die die Würde
aller Menschen einfordern.
So ereignet sich
der Advent Gottes.

30. November

Voller Erwartung nichts erwarten, voller Achtsamkeit in meiner Hausmannsarbeit das Verbindende entdecken, die aufrichtende Kraft aller Menschen, die kämpfen für ein zärtliches Miteinander.

Dezember

1. Dezember

Mitfühlend sein mit all den Menschen, die an Aids erkrankt sind, kämpferisch bleiben für mehr Respekt und Toleranz. Engagiert durch meine Spenden, auch für aidskranke Kinder in Afrika.

2. Dezember

Im Einklang mit mir selbst bin ich auch, wenn ich lerne auszudrücken, was ich brauche, und wenn ich meine Bedürftigkeit zeige. Engagiert leben heißt, auch die zarten Lebensseiten aufzuschlagen.

3. Dezember

Qi-Gong schenkt mir bewegende Sammlung, lässt mich dankbar staunen über das Wunderwerk meines Leibes. Diese Dankbarkeit wird hineinstrahlen in meine Begegnungen.

4. Dezember

Mich berühren lassen vom tiefen
Geheimnis der Liebe, das in unserer
Sinnlichkeit hohe Zeiten feiert.
Mich berühren lassen vom
zärtlichen Augen-Blick:
Advent Gottes heute.

5. Dezember

Ich renne dem Glück nicht nach, ich lasse mich von ihm finden. Achtsame Menschen warten nicht auf das Wesentliche, sondern lassen sich von ihm zum befreienden Miteinander anstecken.

Die Musik erinnert mich an
meine Lebensaufgabe:
Klang Gottes und Stimme sein
für alle Sprachlosen und für eine
ausgebeutete Schöpfung.

7. Dezember

Verbunden sein mit der
schöpferischen Entfaltung der
liebenden Kraft Gottes.
Mich kämpferisch-gelassen für
atomfreie Energiepolitik einsetzen.

8. Dezember

Eintauchen in das Geheimnis des Werdens. Mein Leben weniger in einer »Entweder-oder-Struktur« leben, sondern die vielfältige Wachstumskraft als Gesetzmäßigkeit des Lebens annehmen.

9. Dezember

Aufmerksam im Leben stehen,
mit vielen mühsamen
Alltagsstörungen rechnen,
um gelöster mit Humor die
adventliche Kraft der
Überraschungen erfahren
zu können.

10. Dezember

In beharrlicher Geduld mit leidenschaftlichem Vertrauen kämpfe ich mit vielen für die Rechte aller Menschen, die leider auch von vielen Religionsvertretern mit Füßen getreten werden. Unser Kampf wird Früchte bringen, auch wenn ich sie nicht mehr selbst ernten kann.

11. Dezember

Die Kraft des Schweigens
erfahren, mich sammeln im
Vertrauen in die Verbundenheit mit
vielen Menschen, die weltweit von
innen her einen einfachen
Lebensstil einüben.

12. Dezember

Versöhnt mit meiner Geschichte: dankbar für das Kraftvolle, das sich entfalten kann, und dankbar, dass ich an Unrecht wachsen und reifen konnte. Echte Dankbarkeit verbindet das Schöne und Schwierige im Leben.

13. Dezember

*In der Stille verweilen,
damit das Wunderbare und das
Schmerzliche in meiner Tiefe
aufgehoben ist. Stille als Nahrung
für mein Engagement sehen.*

14. Dezember

Ich bekämpfe meine dunklen
Gedanken nicht mehr.
Ich kann sie vorbeiziehen lassen,
wenn ich in der Dunkelheit auch
eine lebensbejahende Kraft sehe,
die mich das Licht noch intensiver
erfahren lässt.

15. Dezember

Im Heute leben, tief versunken in den Atem Gottes, der Schöpfung und Kosmos unaufhaltsam mit seiner Liebe durchflutet.

16. Dezember

Meine Liebe zum Leben drückt
sich auch in meinem heutigen Zorn
über all die verlogenen
Machenschaften aus, die Gottes
Traum eines partnerschaftlichen
Miteinanders verraten.
Mein Seele erwacht durch
meinen Protest.

17. Dezember

Sein dürfen – erahnen, was immer schon wesentlich ist: Meine Lebenskraft entspringt aus meinem Sein. Sein ist höchste Aktivität, Fluss, Energie, Kreativität.

18. Dezember

In der Dunkelheit können wir
unserem tiefsten Wesen begegnen.
Wenn es ganz still wird,
dann kann der Klang der Ewigkeit
in uns als Vertrauensmelodie
hörbar sein.

19. Dezember

Nicht mehr warten auf das Wesentliche, nicht mehr länger suchen, was zutiefst in jedem Menschen gegenwärtig ist:
die Präsenz Gottes, die zum einfachen Mitsein berührt.

20. Dezember

Mich verwandeln lassen zur Transparenz. Auch durch mein unscheinbares Dasein scheint das göttliche Licht auf als solidarisches Hoffnungszeichen.

21. Dezember

Das Unvollkommene in mir und um mich herum annehmen, damit es verändert werden kann. Die Zerbrochenheit im eigenen Herzen führt in die Nähe aller Verstummten und Resignierten.

22. Dezember

Freundschaft leben und pflegen:
berührt und herausgefordert
werden durch unerwartete
Begegnungen, die meine
Sehnsucht nach einem
authentischen Dasein stärken.

23. Dezember

In der Ungewissheit einer diffusen Zukunftsangst mich von innen her stärken lassen zum Jetzt. Die Nacht als heilenden Ort erfahren, die Selbstwerdung und Solidarität fördert.

24. Dezember

Heilende Nacht:
All unser Dunkel und unsere Hartherzigkeit werden von innen her aufgebrochen. Einengende Vorstellungen werden zum Glück durcheinandergebracht. Gott lässt sich am Rand der Gesellschaft als Mitte des Lebens finden.

25. Dezember

Weih-Nacht:
mein ganzes Leben als gesegnetes
Dasein feiern. In all meinen
Lebensvollzügen, im Feiern und
Arbeiten, in der erotischen
Lebenskraft, im Ringen um Sinn das
Aufscheinen jener Wirklichkeit
sehen, die über uns hinausweist
in die Weite des Himmels.

26. Dezember

Erwachen zu mir selbst,
erwachen zu meiner Lebensaufgabe:
nicht wissen, was ansteht im
kommenden Jahr. Im Aufbrechen
mich finden lassen von meiner
Erfüllung, die sich auch durch
meine Leere zeigen wird.

27. Dezember

Mich beten lassen durch mein einfaches Dasein. Jeder Augen-Blick kann mir ein Tor zum Leben sein: Selbstliebe und Zivilcourage ergänzen sich.

28. Dezember

Dem Schnee sei Dank!
Er bewirkt Entschleunigung,
er mutet uns zu, langsamer zu
werden. Der Schnee weist mit
seinem ruhenden Weiß hinaus und
hinab in die Tiefendimension
unseres Lebens.

29. Dezember

Voll Dankbarkeit
dieses Jahr gehen lassen.
Viele Abschiedsmomente prägten es.
Ich will mir Unbekanntes zeigen
lassen, in dem ich aufbreche, weil
ich schon zutiefst angekommen bin.

30. Dezember

Mein Organismus bedankt
sich heute für die Stille.
Er braucht sie, um die Fülle der
Bilder und Begegnungen vertiefen
zu können. Er braucht auch das
Lachen und Weinen, die Bewegung,
die im Fluss der Liebe gut
aufgehoben sind.

31. Dezember

Einmal mehr staunen über das Geheimnis meiner Menschwerdung, das von der Geburt Gottes in mir erzählt. Diese ver-rückte Hoffnung verbindet mich mit allen Menschen, mit dem Beseeltsein von Schöpfung und Kosmos.
Merci.

Bibliographische Information der Deutschen Nationalbibliothek
Die Deutsche Nationalbibliothek verzeichnet diese Publikation in der Deutschen Nationalbibliographie. Detaillierte bibliographische Daten sind im Internet über http://dnb.d-nb.de abrufbar.

1. Auflage 2016

Lektorat: Marlene Fritsch
Covergestaltung: wunderlichundweigand
Covermotiv: Rudchenko Liliia / shutterstock.com
Druck und Bindung: Pustet, Regensburg
ISBN 978-3-7365-0031-0

www.vier-tuerme-verlag.de